Impressum
Verlag: BABADADA GmbH, Nedderfeld 112 , 22529 Hamburg
Geschäftsführer / Verlagsleitung: Harald Hof
Druck: Books on Demand GmbH, In de Tarpen 42, 22848 Norderstedt

Imprint
Publisher: BABADADA GmbH, Nedderfeld 112 , 22529 Hamburg, Germany
Managing Director / Publishing direction: Harald Hof
Print: Books on Demand GmbH, In de Tarpen 42, 22848 Norderstedt, Germany

sekolah

اسکول

ruang kelas
کمرہ جماعت
membagi
تقسیم کریں
186/2
papan
بورڈ
سکول کا صحن
guru
اُستاد
kertas
کاغذ
menulis
لکھنا
pena
قلم
meja kerja
میز
penggaris
پیمانہ
buku
کتاب
murit
شاگرد

tas sekolah

بستہ

tempat pensil

پینسل کیس

pensil

پینسل

pengasah pensil

پینسل شارپنر

penghapus

ربڑ

kertas gambar

ڈرائنگ پیڈ

gambar

ڈرائنگ

kuas

پینٹ برش

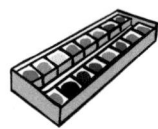

kotak cat

پینٹ باکس

gunting

قینچی

lem

گوند

buku latihan

مشق کی کاپی

pekerjaan rumah

ہوم ورک

12

angka

ہندسہ

2+2

tambhakan

جمع کریں

5-2

mengurangi

منفی کریں

2×2

mengalikan

ضرب دیں

menghitung

شمار کریں

A

huruf

خط

ABCDEFG HIJKLMN OPQRSTU VWXYZ

alfabet

حروف تہجی

hello

kata

لفظ

teks

متن

membaca

پڑھنا

kapur

چاک

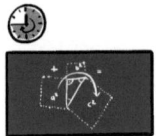

pelajaran

سبق

daftar

اندراج

ujian

امتحان

sertifikat

سند

seragam sekolah

سکول یونیفارم

pendidikan

تعلیم

ensiklopedi

انسائیکلوپیڈیا

universitas

یونیورسٹی

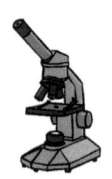

mikroskop

خورد بین

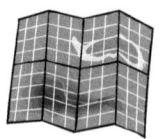

peta

نقشہ

tempat sampah

ویسٹ پیپر باسکٹ

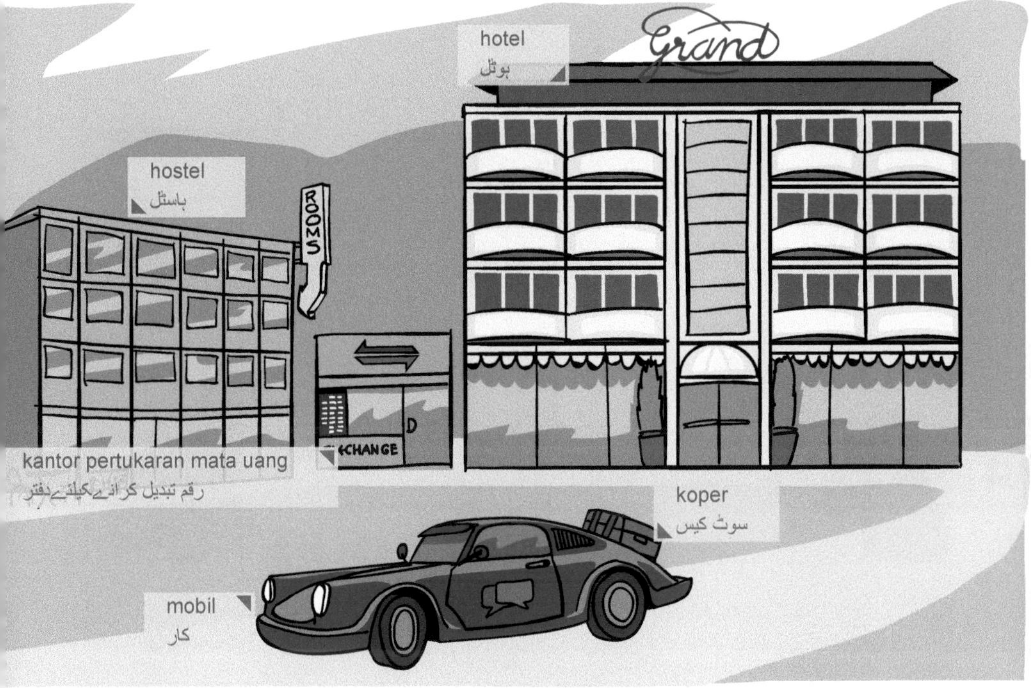

Grand
hotel
ہوٹل
hostel
ہاسٹل
ROOMS
EXCHANGE
kantor pertukaran mata uang
رقم تبدیل کرانے کیلئے دفتر
koper
سوٹ کیس
mobil
کار

bahasa

زبان

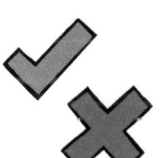

ya / tidak

ہاں / نہیں

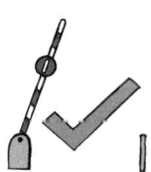

okay

ٹھیک ہے

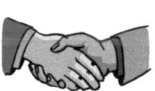

hallo

ہیلو

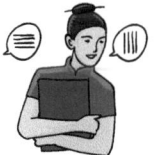

penerjemah

مُترجم

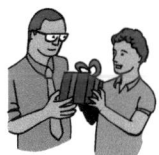

terima kasih

شُکریہ

Berapa harganya…?

۔۔۔ کی کیا قیمت ہے؟

saya tidak mengerti

میں نہیں سمجھتا

masalah

مشکل

Selamat malam!

شام بخیر!

Selamat siang!

صبح بخیر!

Selamat tidur!

شب بخیر!

sampai jumpa

الوداع

arah

سمت

bagasi

سفری سامان

tas

بیگ

ransel

بیگ پیک

tamu

مہمان

ruang

کمرہ

kantong tidur

سلیپنگ بیگ

tenda

ٹینٹ

informasi wisata

سیاحوں کےلئےمعلومات

pantai

ساحل

kartu kredit

کریڈٹ کارڈ

sarapan

ناشتہ

makan siang

لنچ

makan malam

ڈنر

tiket

ٹکٹ

elevator

لفٹ

perangko

مُہر

perbatasan

سرحد

cukai

کسٹمز

kedutaan

سفارت خانہ

visa

ویزا

paspor

پاسپورٹ

transportasi

نقل وحمل

kapal terbang
ہوائی جہاز
perahu
سمندری جہاز
mobil pemadam kebakaran
آگ بُجھانے والی گاڑی
bis
بس
truk
ٹرک
perahu motor
موٹربوٹ
sepeda
سائیکل
mobil
کار

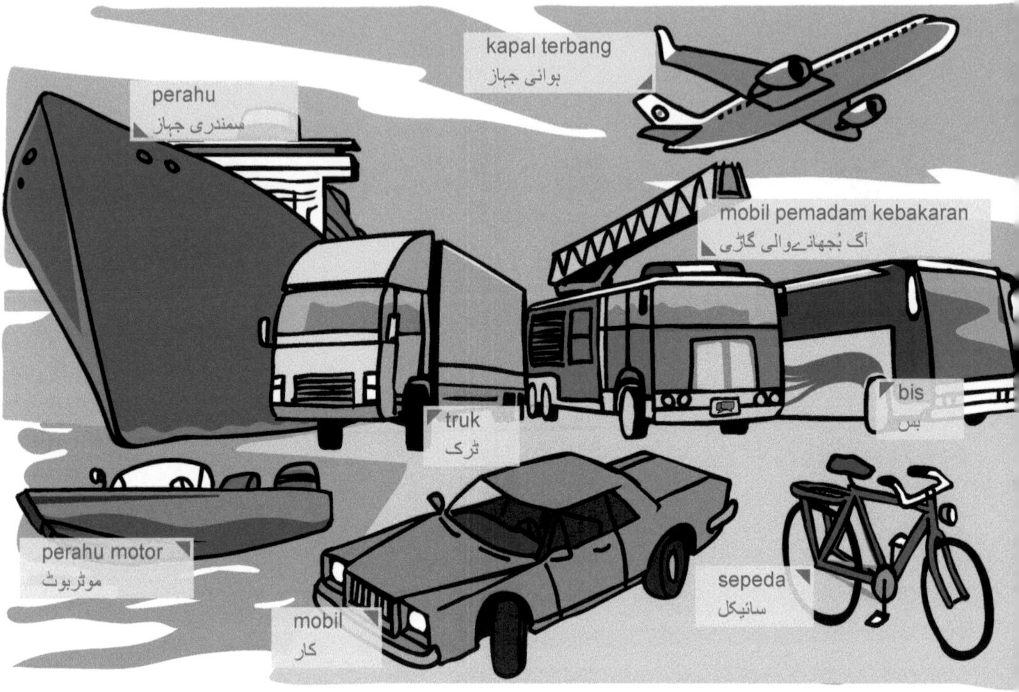

feri

فیری

perahu

کشتی

sepeda motor

موٹرسائیکل

mobil polisi

پولیس کار

mobil balapan

ریسنگ کار

mobil sewa

کرایہ پرکار

berbagi mobil

کار کا اشتراک کرنا

truk derek

کھینچنے والا ٹرک

truk sampah

کوڑے والا ٹرک

motor

کار

bahan bakar

ایندھن

bensin

پٹرول اسٹیشن

tanda lalulintas

ٹریفک کے نشانات

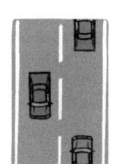

lalulintas

ٹریفک

macet

ٹریفک جام

parkir mobil

کار پارک

stasiun kereta

ٹرین اسٹیشن

trek

پٹڑیاں

kereta api

ٹرین

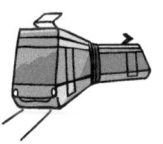

tram

ٹرام

gerobak

ویگن

helikopter

ہیلی کاپٹر

bendara

ائرپورٹ

menara

ٹاور

penumpang

مسافر

container

کنٹینر

karton

ڈبہ

troli

ریڑھا

keranjang

ٹوکری

berangkat / mendarat

اُڑان بھرنا / زمین پراُترنا

kota

شہر

desa

گاؤں

pusat kota

سٹی سنٹر

rumah

مکان

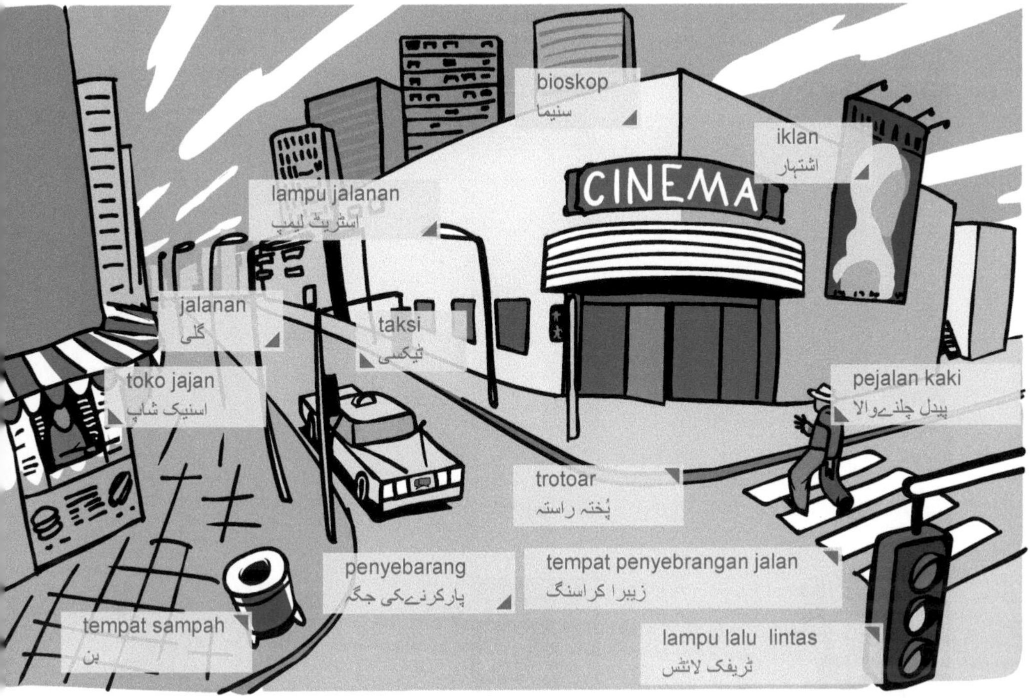

bioskop
سنیما

iklan
اشتہار

lampu jalanan
اسٹریٹ لیمپ

CINEMA

jalanan
گلی

taksi
ٹیکسی

toko jajan
اسنیک شاپ

pejalan kaki
پیدل چلنے والا

trotoar
پُختہ راستہ

penyebarang
پارکرنے کی جگہ

tempat penyebrangan jalan
زیبرا کراسنگ

tempat sampah
بن

lampu lalu lintas
ٹریفک لائٹس

gubuk

ہٹ

rumah flat

فلیٹ

stasiun kereta

ٹرین اسٹیشن

balai kota

ٹاؤن ہال

museum

عجائب گھر

sekolah

اسکول

universitas

یونیورسٹی

bank

بینک

rumah sakit

ہسپتال

hotel

ہوٹل

farmasi

فارمیسی

kantor

دفتر

toko buku

کتابوں کی دکان

toko

دکان

toko bunga

پھولوں کی دُکان

supermarket

سُپرمارکیٹ

pasar

مارکیٹ

toko serba ada

ڈیپارٹمنٹ سٹور

nelayan

مچھلی کی دُکان

pusat belanja

شاپنگ سنٹر

pelabuhan

بندرگاہ

taman

پارک

banku

بنچ

jembatan

پُل

tangga

سیڑھیاں

kereta bawah tanah

انڈرگراؤنڈ

terowongan

سرُنگ

pemberhantian bis

بس اسٹاپ

bar

شراب خانہ

restauran

ریسٹورنٹ

kotak surat

پوسٹ باکس

tanda jalan

اسٹریٹ سائن

meteran parkir

پارکنگ میٹر

kebun binatang

چڑیا گھر

kolam renang

سوئمنگ پول

mesjid

مسجد

pertanian

کھیت

polusi

آلودگی

kuburan

قبرستان

gereja

چرچ

tempat bermain

کھیل کا میدان

pura

مندر

pemandangan

منظر

daun
پتہ
penunjuk arah
رہنمائی کےلئےلگا ہوا بورڈ
jalanan
راستہ
padang rumput
سبزہ زار
batu
پتھر
pohon
درخت
pejalak kaki
پیدل چلنےوالا، ہائکر
sungai
دریا
rumput
گھاس
bunga
پھول

lembah

وادی

bukit

پہاڑی

danau

جھیل

hutan

جنگل

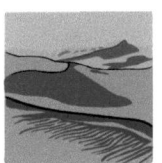

padang gurun

صحرا

gunung berapi

آتش فشاں

istana

قلعہ

pelangi

قوس قزح

jamur

کھمبی

pohon palem

کجھورکا درخت

nyamuk

مچھر

lalat

مکھی

semut

چیونٹی

lebah

مکھی

laba-laba

مکڑا

kumbang

بھونرا

kodok

مینڈک

tupai

گلہری

landak

خارپُشت

kelinci

خرگوش

burung hantu

اُلو

burung

پرندہ

angsa

راج ہنس

babi jantan

سؤر

rusa

ہرن

rusa

امریکی بارہ سنگھا

bendungan

ڈیم

turbin angin

ہوا سے چلنے والی ٹربائین

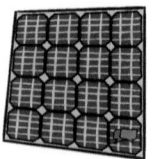

panel surya

سولر پینل

iklim

آب وہوا

restauran
ریسٹورنٹ

pelayan
ویٹر
daftar makanan
مینیو
kursi
sup
سوپ
pizza
پیزا
taplak
ٹیبل کلاتھ
peralatan makan
کٹلری

hindangan pembuka
....
اسٹارٹر

hidangan utama
....
مین کورس

hidangan penutup
....
ڈیزرٹ

minuman
....
مشروبات

makanan
....
کھانےکی اشیاء

botol
....
بوتل

fastfood

فاسٹ فوڈ

masakan jalanan

اسٹریٹ فوڈ

teko teh

چائےدانی

kaleng gula

شوگرباکس

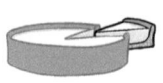

porsi

حصہ

mesin espresso

ایسپریسو مشین

kursi tinggi

اونچی کُرسی

tagihan

بل

baki

ٹرے

pisau

چھُری

garpu

کانٹا

sendok

چمچ

sendok teh

چائےکا چمچ

serbet

سرویئیٹی

gelas

شیشہ

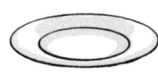

piring

پلیٹ

piring sup

سوپ پلیٹ

lepek

طشتری

saus

چٹنی

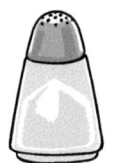

tempat garam

سالٹ شیکر

gilingan merica

پیپرمل

cuka

سرکہ

minyak

خوردنی تیل

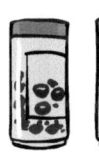

bumbu

مصالحے

saus tomat

کیچپ

mustar

سرسوں

mayones

میئونیز

supermarket
سُپرمارکیٹ

penawaran khusus
خصوصی پیشکش
FOR
klien
گاہک
produk susu
ڈیری
buah
پھل
troli
ٹرالی

pembantai
گوشت کی دُکان

toko roti
بیکری

menimbang
وزن کرنا

sayur
سبزیاں

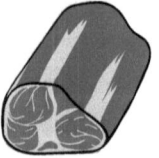

daging
گوشت

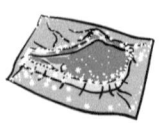

makanan beku
جما ہوا کھانا

pemotongan dingin

کولڈ کٹس

makanan kaleng

ڈبے میں بند کھانا

sabun serbuk

واشنگ پاؤڈر

permen

مٹھائیاں

alat-alat rumah tangga

گھریلو مصنوعات

obat pembersihan

صاف کرنے کیلئے مصنوعات

penjual

سیلزپرسن

kasa

کیش رجسٹر

kasir

کیشئیر

daftar belanja

خریداری کی فہرست

jam buka

اوقات کار

dompet

بٹوہ

kartu kredit

کریڈٹ کارڈ

tas

تھیلا

kantong plastik

پلاسٹک کے تھیلے

minuman

مشروبات

air

پانی

jus

جوس، رس

susu

دودھ

cola

کوک

anggur

وائن

bir

بیئر

alkohol

الکوحل

coklat

کوکوآ

teh

چائے

kopi

کافی

espresso

ایسپریسو

cappucino

کیپاچینو

pisang

کیلا

apel

سیب

jeruk

مالٹا

semangka

خربوزہ

jeruk lemon

لیموں

wortel

گاجر

bawang putih

لہسن

bambu

بانس

bawang bombai

پیاز

jamur

کھُمبی

kacang

اخروٹ، بادام وغیرہ

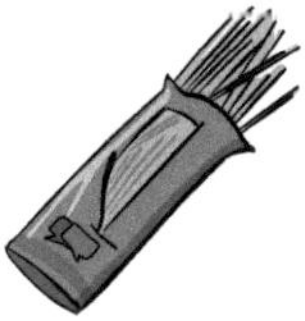

mi

نوڈلز

spagetti

اسپیگیٹی

nasi

چاول

salat

سلاد

kentang goreng

چپس

kentang goreng

تلے گئے آلو

pizza

پیزا

hamburger

ہیم برگر

sandwich

سینڈوچ

sayatan

کٹلیٹ

ham

سؤرکی ران کا گوشت

salami

گوشت کی اطالوی ساسیج

sosis

ساسیج

ayam

مُرغی

menggoreng

روسٹ

ikan

مچھلی

bubur gandum
....
جئی کا دلیہ

sereal
....
میوزلی

cornflakes
....
کارن فلیکس

tepung
....
آٹا

croissant
....
کروئیسنٹ

roti
....
بریڈ رول

roti
....
بریڈ

toast
....
ٹوسٹ

biskuit
....
بسکٹ

mentega
....
مکھن

dadih
....
دہی

kue
....
کیک

telur
....
انڈا

telur goreng
....
فرائی کیا گیا انڈہ

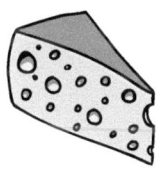

keju
....
پنیر

eskrim

آئس کریم

gula

چینی

madu

شہد

selai

جام

krim nugat

ناؤگٹ کریم

kare

سالن

pertanian

کھیت

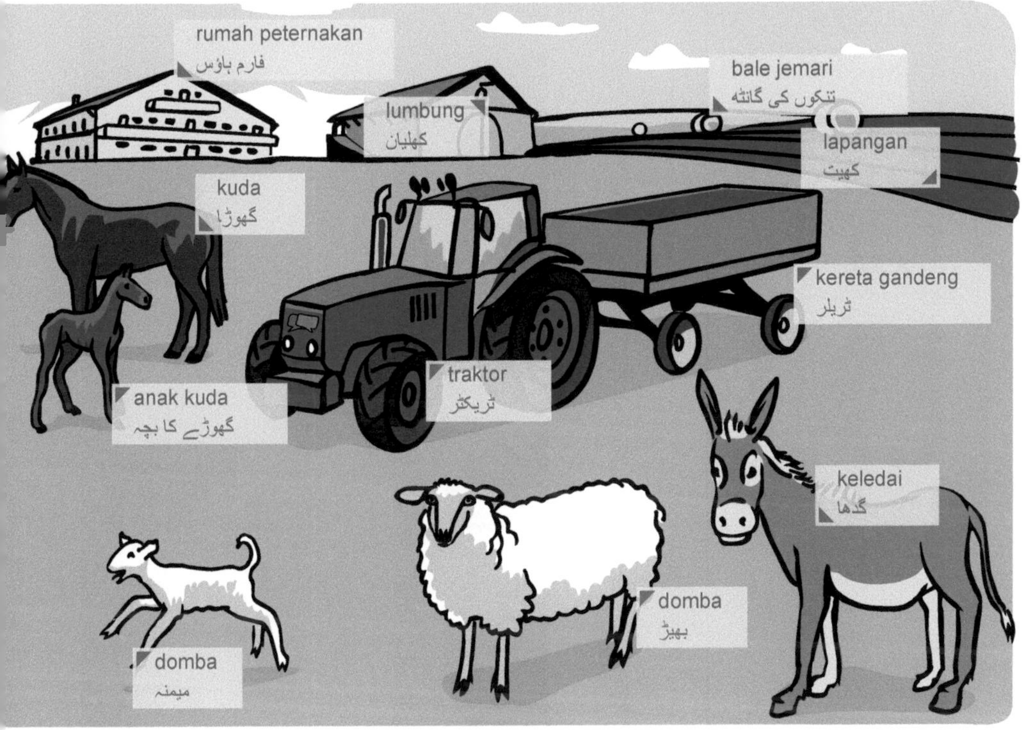

rumah peternakan
فارم ہاؤس
lumbung
کھلیان
bale jemari
تنکوں کی گانٹھ
lapangan
کھیت
kuda
گھوڑا
kereta gandeng
ٹریلر
traktor
ٹریکٹر
anak kuda
گھوڑے کا بچہ
keledai
گدھا
domba
بھیڑ
domba
میمنہ

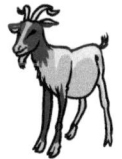

kambing

بکری

sapi

گائے

betis

بچھڑا

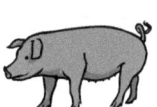

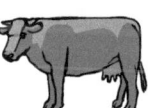

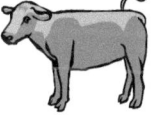

babi

سؤر

celeng

سؤر کا بچہ

banteng

سانڈ

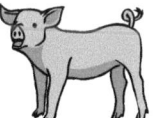

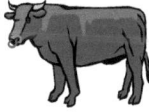

angsa

راج ہنس

bebek

بطخ

anak ayam

چوزہ

ayam

مُرغی

ayam jantan

مُرغا

tikus

چوہا

kucing

بلی

tikus

چوہا

lembu

بیلچہ

anjing

کُتا

rumah anjing

کُتے کا گھر

selang

گارڈن ہاؤس

penyiram

پانی کا کین

sabit

درانتی

bajak

ہل

sabit

درانتی

cangkul

بیلچہ

garpu rumput

ترنگل

kapak

کلہاڑا

gerobak

ہتہ گاڑی

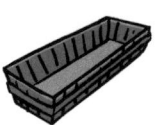

palung

حوض

kaleng susu

دودھ کا کین

karung

تھیلا

pagar

باڑ

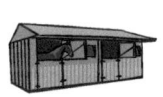

kandang

اصطبل

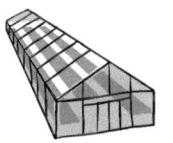

rumah kaca

گرین ہاؤس

tanah

مٹی

benih

بیج

pupuk

فرٹیلائیزر

mesin pemanen

کمبائن ہارویسٹر

panen

فصل کاٹنا

panen

فصل کاٹنا

yams

افریقی آلو

gandum

گندم

kedelai

سویا

kentang

آلو

jagung

مکئی

lobak

توریا کا تیل

pohon buah

پھلداردرخت

singkong

کساوا

sereal

دلیہ

rumah

مکان

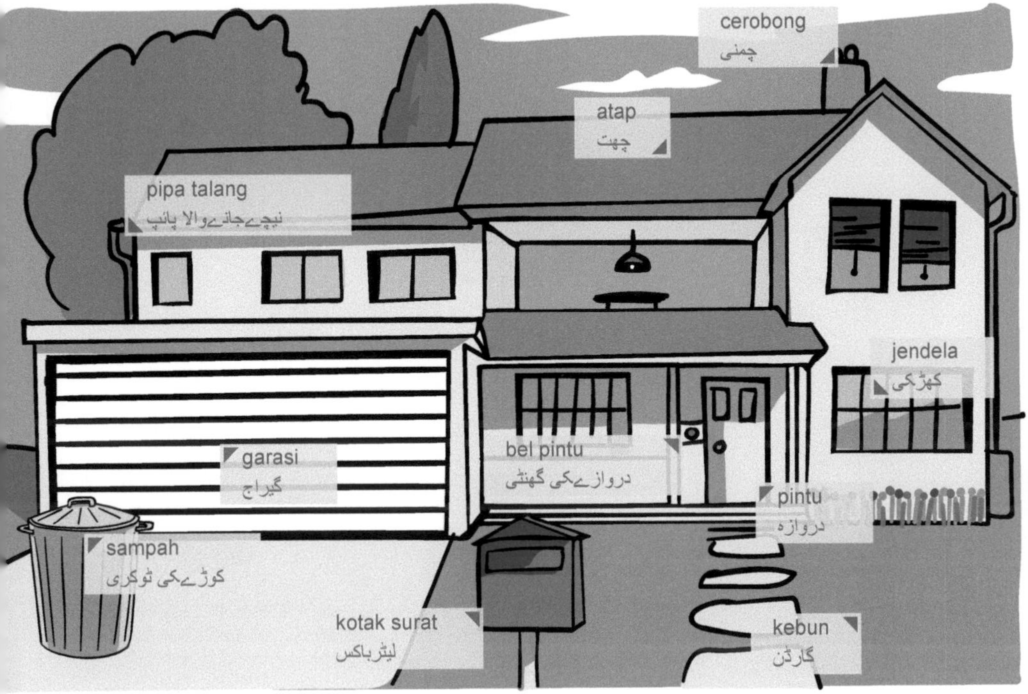

cerobong
چمنی
atap
چھت
pipa talang
نیچے جانے والا پائپ
jendela
کھڑکی
garasi
گیراج
bel pintu
دروازے کی گھنٹی
pintu
دروازہ
sampah
کوڑے کی ٹوکری
kotak surat
لیٹر باکس
kebun
گارڈن

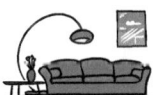

ruang tamu

لوونگ روم

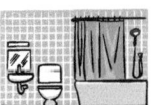

kamar mandi

غُسل خانہ

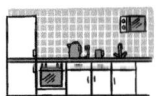

dapur

باورچی خانہ

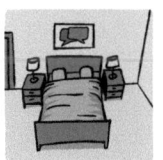

kamar tidur

بیڈروم

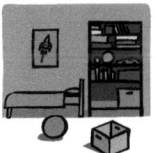

kamar anak

بچوں کا کمرہ

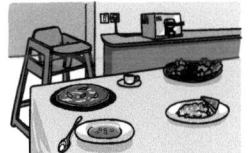

kamar makan

کھانے کا کمرہ

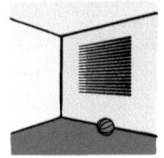

lantai

فرش

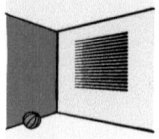

tembok

دیوار

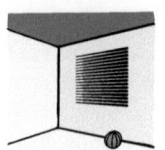

atap

چھت

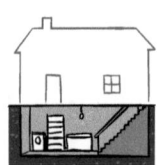

gudang di bawah tanah

تہ خانہ

sauna

سوانا

balkon

بالکونی

teras

ٹیریس

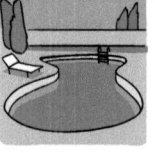

kolam renang

پول

mesin pemotong rumput

گھاس کاٹنے کی مشین

sprei

چادر

selimut

چادر

tempat tidur

بستر

sapu

جھاڑو

ember

بالٹی

tombol

سوئچ

rumah - مکان

ruang tamu
لوونگ روم

kertas dinding
وال پیپر
gambar
تصویر
lampu
لیمپ
rak
شیلف
kabinet
الماری
televisi
ٹیلی ویژن
perapian
آتش دان
bunga
پھول
bantal
کُشن
sofa
صوفہ
vas
گلدان
remote control
ریموٹ کنٹرول

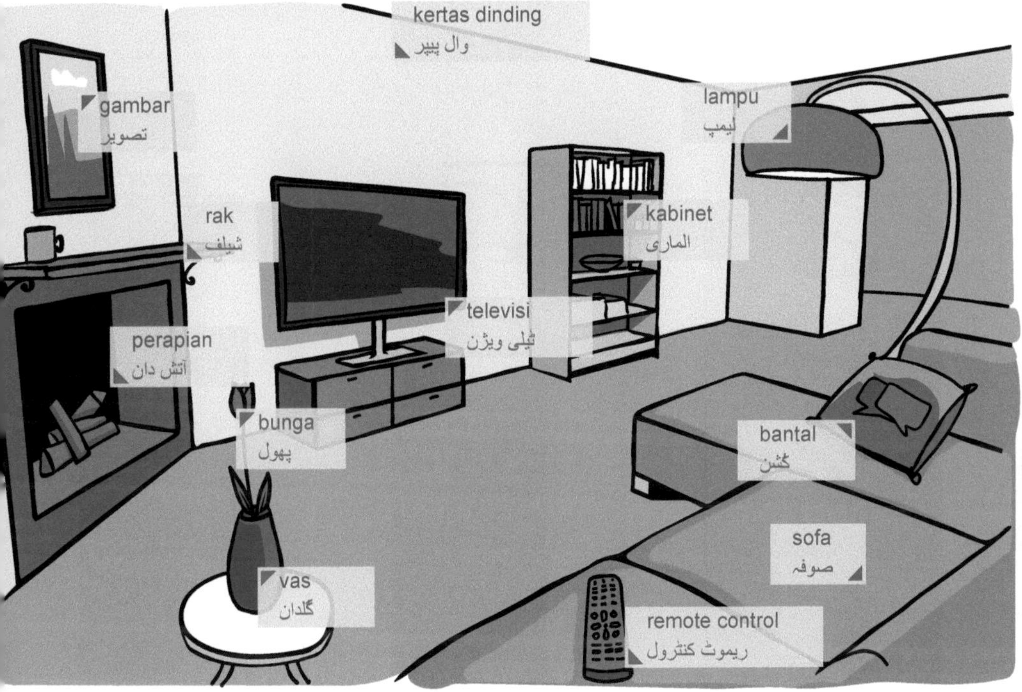

karpet

قالین

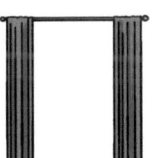

korden

پردے

meja

میز

kursi

کُرسی

kursi goyang

ہلنےوالی کُرسی

kursi malas

آرام کُرسی

buku

کتاب

selimut

کمبل

dekorasi

آرائش

kayu bakar

جلانےکی لکڑی

filem

فلم

hi-fi

ہائی فائی

kunci

چابی

koran

اخبار

lukisan

پینٹنگ

poster

پوسٹر

radio

ریڈیو

buku tulis

نوٹ بُک

penyedot debu

ویکیوم کلینر

kaktus

کیکٹس

lilin

موم بتی

dapur

باورچی خانہ

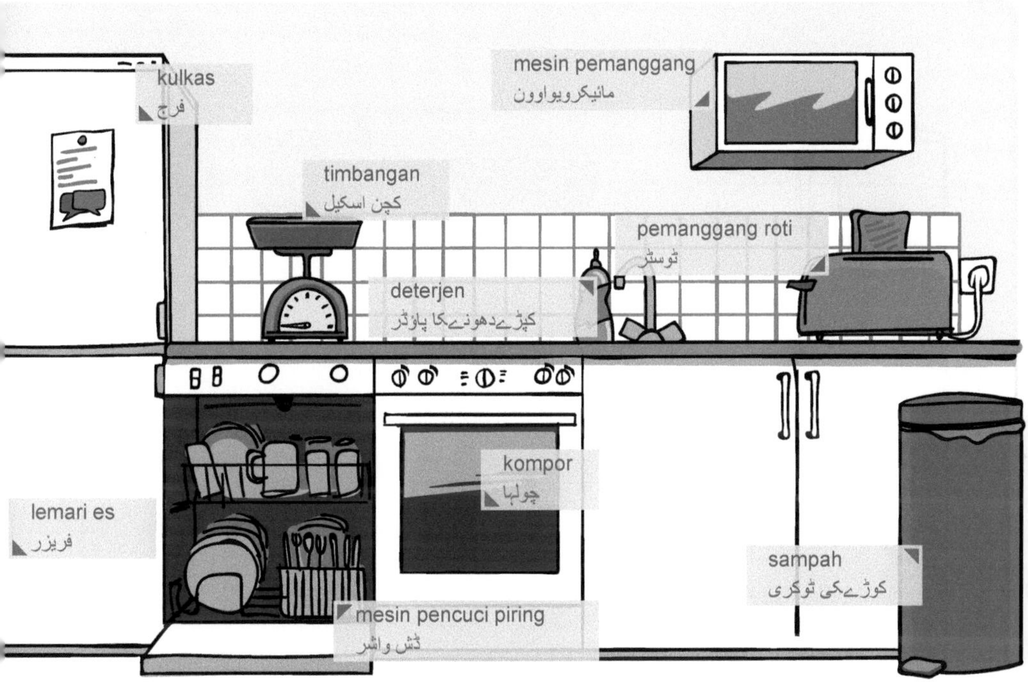

kulkas
فرج
mesin pemanggang
مائیکرویواوون
timbangan
کچن اسکیل
pemanggang roti
ٹوسٹر
deterjen
کپڑےدھونےکا پاؤڈر
kompor
چولہا
lemari es
فریزر
sampah
کوڑےکی ٹوکری
mesin pencuci piring
ڈش واشر

kompor

گکر

panci

برتن

panci besi

لوہےکا برتن

wajan

کڑاہی

panci

برتن

pemanas air

کیتلی

panci pengukus makanan

اسٹیمر

nampan

بیکنگ ٹرے

piring

کراکری

cangkir

مگ

mangkok

پیالہ

sumpit

چاپ اسٹکس

sendok sup

ڈوئی

sudip

کفچہ

mengocok

جھاڑودینا

saringan

مقطر

saringan

چھلنی

parutan

گریٹر

mortir

کونڈی

barbeque

باربی کیو

api terbuka

کھُلی آگ

papan memotong

چاپنگ بورڈ

gilingan

بیلن

alat pembuka botol

کارک اسکریو

kaleng

کین

pembuka kaleng

کین اوپنر

pegangan panci

برتن پکڑنےوالا کپڑا

wastafel

سنک

sikat

برش

busa

اسپونج

mesin pencampur

بلینڈر

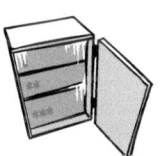

lemari es

ڈیپ فریز

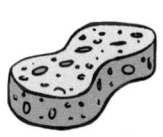

botol bayi

بچےکی بوتل

keran

ٹونٹی

kamar mandi

غُسل خانہ

mesin pemanas
ہیٹنگ
handuk
تولیہ
mandi
شاور
شاور کرٹن
mandi busa
ببل باتھ
bak mandi
باتھ ٹب
mesin cuci
واشنگ مشین
gelas
شیشہ
keran
ٹونٹی
ubin
ٹائلیں
pispot
پاٹی
wastafel
سنک

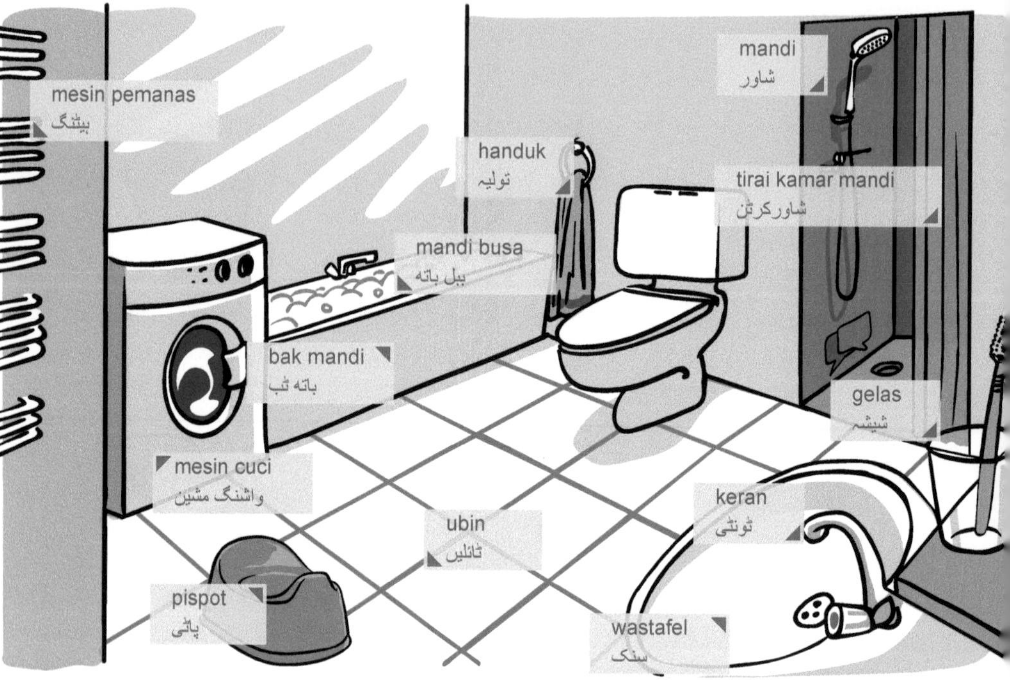

toilet

ٹائلٹ

toilet jongkok

دوزانوں بیٹھنے والی ٹائلٹ

bidet

نچلا حصہ دھونے کیلئے پاٹ

pissoir

پیشاب گاہ

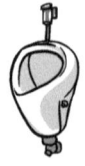

kertas toilet

ٹائلٹ پیپر

sikat toilet

ٹائلٹ برش

sikat gigi

ٹوتھ برش

pasta gigi

ٹوتھ پیسٹ

benang gigi

ڈینٹل فلاس

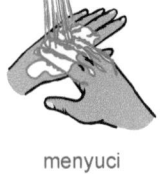

menyuci

دھونا

pancuran tangan

ہینڈ شاور

pancuran

شاور

bak

بیسن

sikat punggung

بیک برش

sabun

صابن

gel mandi

شاورجل

sampo

شیمپو

planel

فلالین

kuras

ڈرین

krim

کریم

deodoran

ڈیوڈورنٹ

kaca

آئینہ

cermin tangan

ہاتھ میں پکڑا جانےوالا آئینہ

pisau cukur

ریزر

busa cukur

شیونگ فوم

aftershave

آفٹر شیو

sisir

کنگھی

sikat

برش

alat pengering rambut

ہیئرڈرائر

semprot rambut

ہیئراسپرے

makeup

میک اپ

lipstik

لپ اسٹک

cat kuku

نیل وارنش

kapas

روئی

gunting kuku

ناخن کاٹنےکی قینچی

minyak wangi

پرفیوم

kantong pencuci

واش بیگ

bangku

پاخانہ

timbangan

وزن کرنےکی مشین

mantel mandi

باتھ روب

sarung tangan karet

ربڑکےدستانے

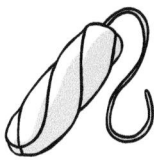

tampon

ٹیمپون

handuk pembalut

سینیٹری ٹاول

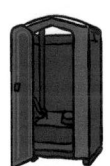

toilet kimia

کیمیکل ٹائلٹ

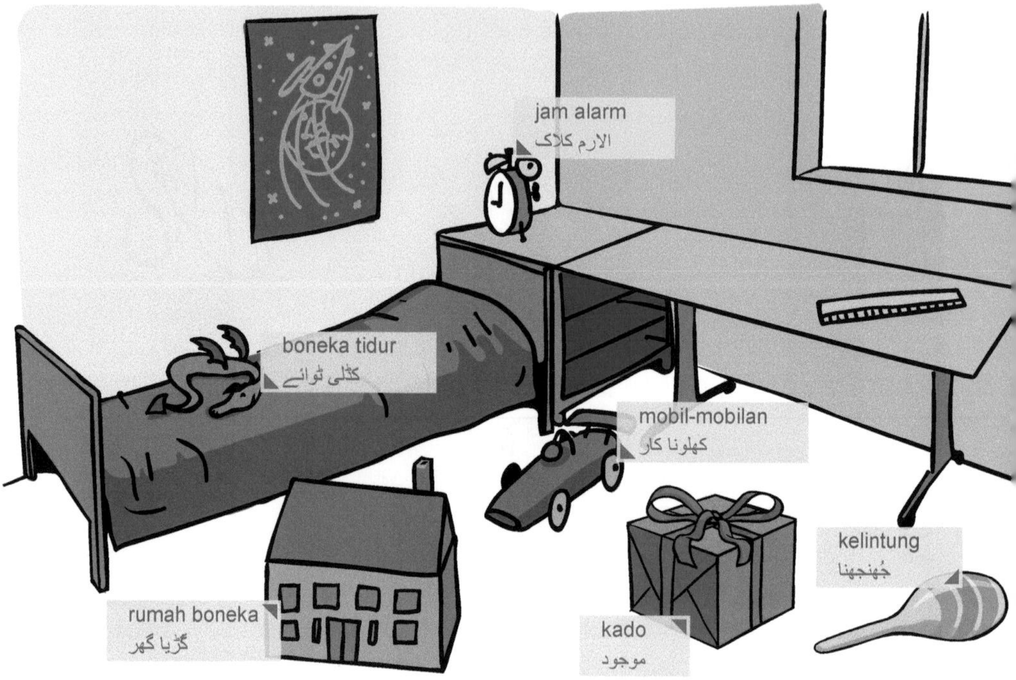

jam alarm
الارم کلاک
boneka tidur
کڈلی ٹوائے
mobil-mobilan
کھلونا کار
kelintung
جُھنجھنا
rumah boneka
گڑیا گھر
kado
موجود

balon

غبارہ

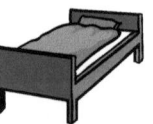

tempat tidur

بستر

kereta bayi

پرام

mainan kartu

ڈیک آف کارڈز

teka-teki

جگسا

komik

کامک

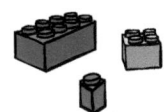

mainan lego

لیگوبرکس

blok mainan

کھلونا بلاکس

figur aksi

ایکشن فگر

baju monyet

بچےکا لباس

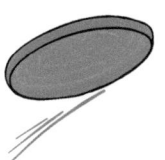

frisbee

فرسبی

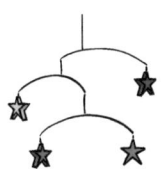

mobile

کھلونا موبائل

permainan papan

بورڈ گیم

dadu

ڈائس

set model kreta api

ماڈل ٹرین سیٹ

dot

ڈمی

pesta

پارٹی

buku gambar

تصاویروالی کتاب

bola

گیند

boneka

گڑیا

bermain

کھیلنا

tempat main pasir

سینڈ پٹ

ayunan

جھولا جھولنا

mainan

کھلونے

video game konsol

وڈیوگیم کنسول

sepeda roda tiga

تین پہیوں والی سائیکل

teddy

ٹیڈی بیئر

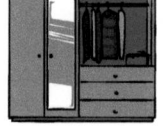

lemari pakaian

کپڑوں کی الماری

pakaian

لباس

kaos kaki

موزے

kaos kaki

اسٹاکنگز

baju ketat

ٹائٹس

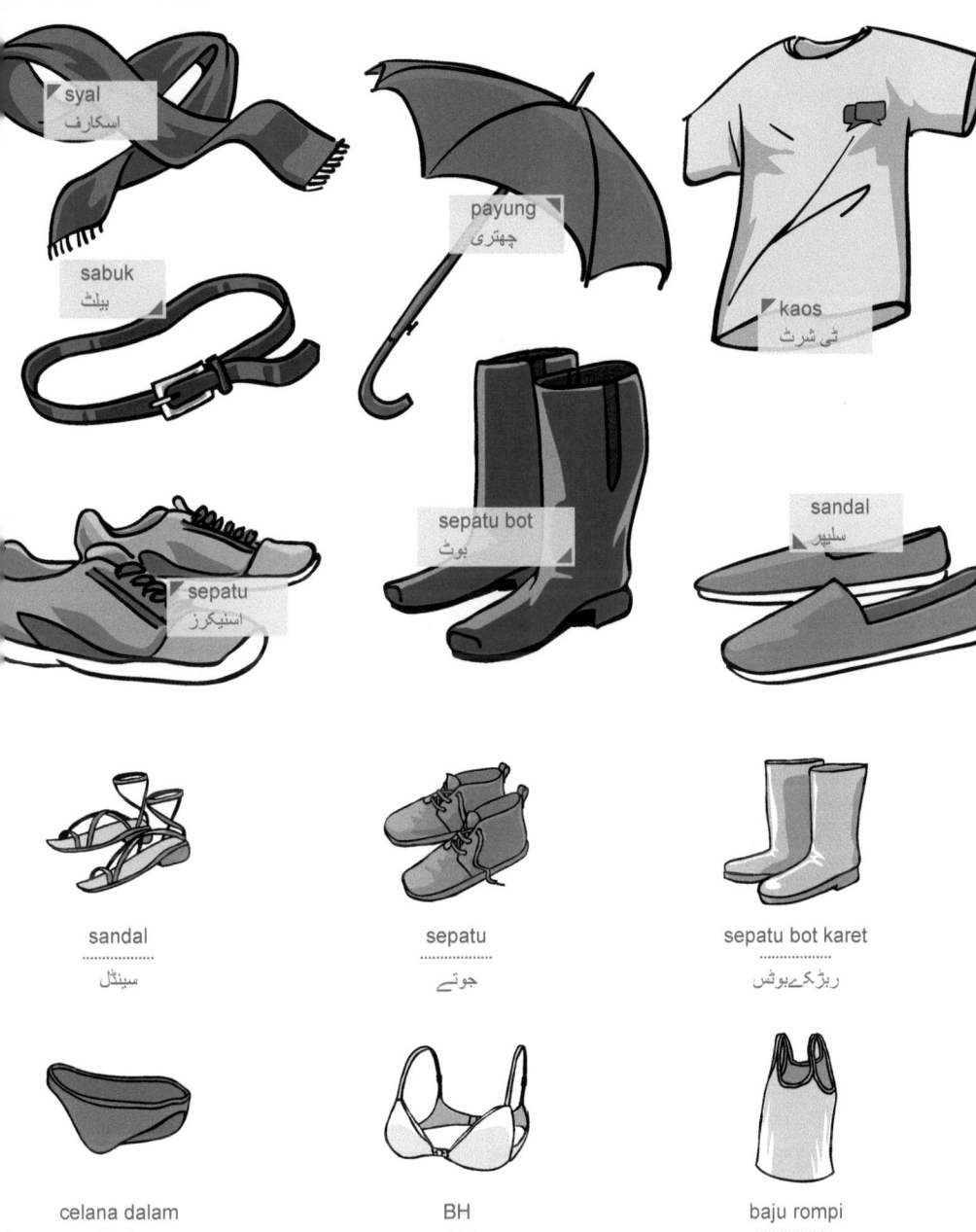

syal
اسکارف

payung
چھتری

kaos
ٹی شرٹ

sabuk
بیلٹ

sepatu bot
بوٹ

sandal
سلیپر

sepatu
اسنیکرز

sandal	sepatu	sepatu bot karet
سینڈل	جوتے	ربڑکےبوٹس
celana dalam	BH	baju rompi
زیرجامہ	بریزئیر	واسکٹ

body

جسم

celana

پتلون

jeans

جینز

rok

اسکرٹ

blus

بلاؤز

kemeja

قمیض

aket berkerudung

پُل اوور

sweater

سویٹر

jaket

بلیزر

jaket

جیکٹ

mantel

کوٹ

jas hujan

رین کوٹ

kostum

کوئی خاص لباس

gaun

لباس

gaun pengantin

شادی کا لباس

setelan resmi

سوٹ

gaun tidur

نائٹ گاؤن

piyama

پائجامہ

sari

ساڑھی

jilbab

سر پر لیا جانے والا اسکارف

turban

پگڑی

burka

بُرقع

kaftan

کفتان

abaya

عبایہ

pakaian renang

تیراکی کا سوٹ

celana renang

ٹرنک

celana pendek

نیکر

olah raga

ٹریک سوٹ

celemek

اپرن

sarung tangan

دستانے

kancing

بٹن

kacamata

عینک

gelang

کنگن

kalung

ہار

cincin

انگوٹھی

anting

کانوں کی بالیاں

topi

ٹوپی

gantungan mantel

کوٹ ہینگر

topi

ہیٹ

dasi

ٹائی

ritsleting

زپ

helm

ہیلمٹ

tali selempang

بریسز

seragam sekolah

سکول یونیفارم

seragam

وردی

oto

بب

dot

ڈمی

popok

نیپی

kantor

دفتر

server
سرور
lemari arsip
فائلوں کی الماری
pencetak
پرنٹر
kertas
کاغذ
layar
مانیٹر
mouse komputer
ماؤس
meja kerja
میز
tempat pengarsipan
فولڈر
papan tombol
کی بورڈ
tempat sampah
ویسٹ پیپرباسکٹ
computer
کمپیوٹر
kursi
کُرسی

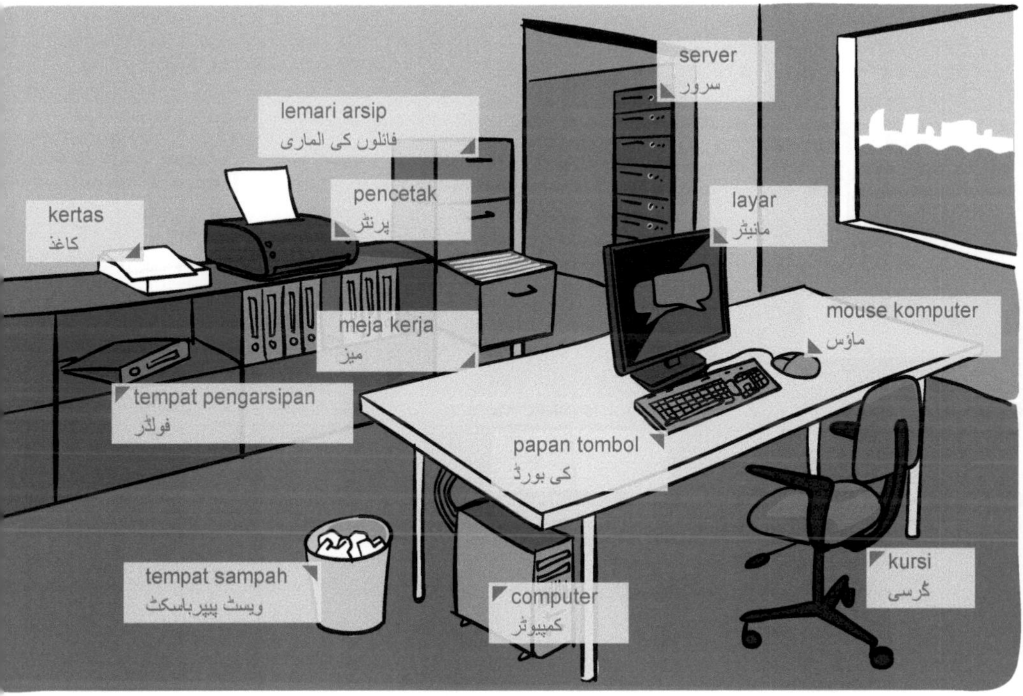

cangkir kopi

کافی مگ

kalkulator

کیلکولیٹر

internet

انٹرنیٹ

laptop

لیپ ٹاپ

surat

خط

pesan

پیغام

telepon seluler

موبائل

jaringan

نیٹ ورک

fotokopi

فوٹوکاپئیر

software

سافٹ ویئر

telepon

ٹیلی فون

plug soket

پلگ ساکٹ

mesin fax

فیکس مشین

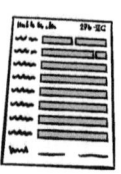

formulir

فارم

dokumen

دستاویز

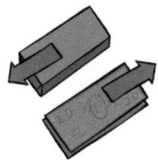

membeli

خریدنا

membayar

ادائیگی کرنا

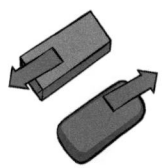

berdagang

تجارت کرنا

uang

رقم

Dollar

ڈالر

Euro

یورو

Yen

ین

Rubel

روبل

Franc Swiss

سوئس فرانک

Renminbi Yuan

رینمنیبی یوآن

Rupiah

روپیہ

ATM

کیش پوائنٹ

kantor pertukaran mata uang

رقم تبدیل کرانے کیلئے دفتر

emas

سونا

perak

چاندی

minyak

خام تیل

energi

توانائی

harga

قیمت

kontrak

معاہدہ

pajak

ٹیکس

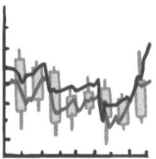

saham

اسٹاک

bekerja

کام کرنا

karyawan

ملازم

majikan

آجر

pabrik

فیکٹری

toko

دکان

pekerjaan
پیشے

pemadam kebakaran
فائرمین
petugas polisi
پولیس افسر
pemasak
خانساماں، کُک
dokter
ڈاکٹر
pilot
پائلٹ

tukan kebun
مالی

tukang kayu
ترکھان

penjahit wanita
درزن

hakim
جج

ahli kimia
کیمسٹ

aktor
اداکار

sopir bis

بس ڈرائیور

sopir taksi

ٹیکسی ڈرائیور

nelayan

مچھیرا

pembantu

صفائی کرنے والی عورت

tukang atap

چھت بنانے والا

pelayan

ویٹر

pemburu

شکاری

pelukis

پینٹر

tukang roti

بیکر

tukang listrik

الیکٹریشین

pembangun

بلڈر

insinyur

انجینئیر

tukang daging

قصائی

tukang ledeng

پلمبر

tukang pos

ڈاکیا

tentara

سپاہی

arsitek

آرکیٹیکٹ

kasir

کیشئیر

penjual bunga

پھول بیچنےوالا

penata rambut

نائی

konduktor

کنڈکٹر

montir

مکینک

kapten

کپتان

dokter gigi

ڈینٹسٹ

ilmuwan

سائنسدان

rabbi

یہودی عالم

imam

امام

biarawan

راہب

pendeta

پادری

alat
اوزار

tang
پلائرز
palu
obeng
پیچ کس
kunci
رینچ
obor
ٹارچ

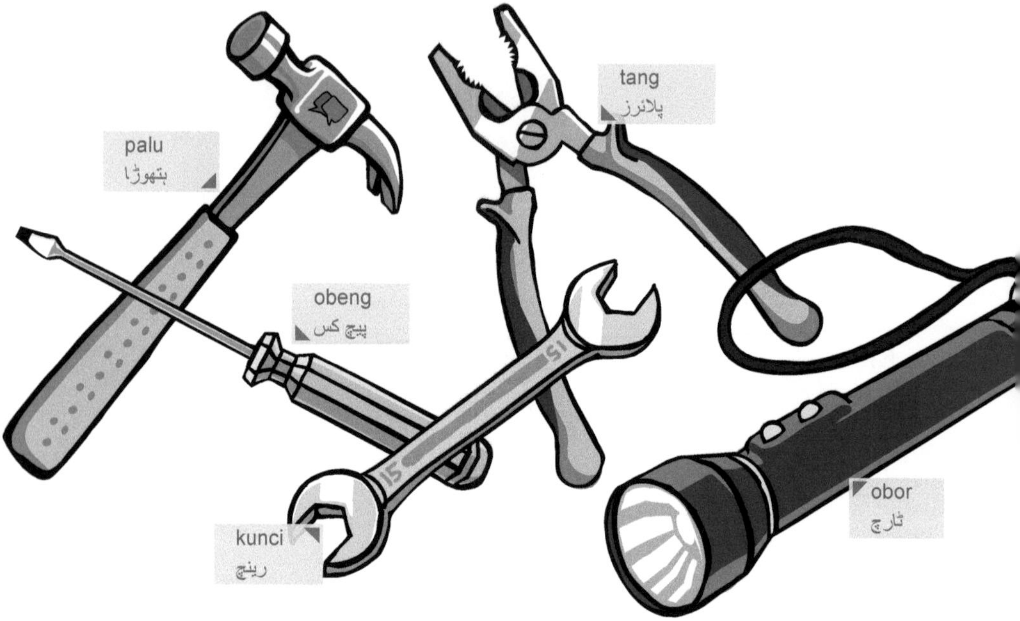

penggali

ایکسکویٹر

tas perkakas

ٹول باکس

tangga

سیڑھی

gergaji

آری

paku

کیل

bor

ڈرل

perbaikan

مرمت کرنا

sekop

بیلچہ

Sialan!

لعنت ہو!

cikrak

ڈسٹ پین

pot cat

پینٹ پاٹ

sekrup

پیچ

alat musik

آلات موسیقی

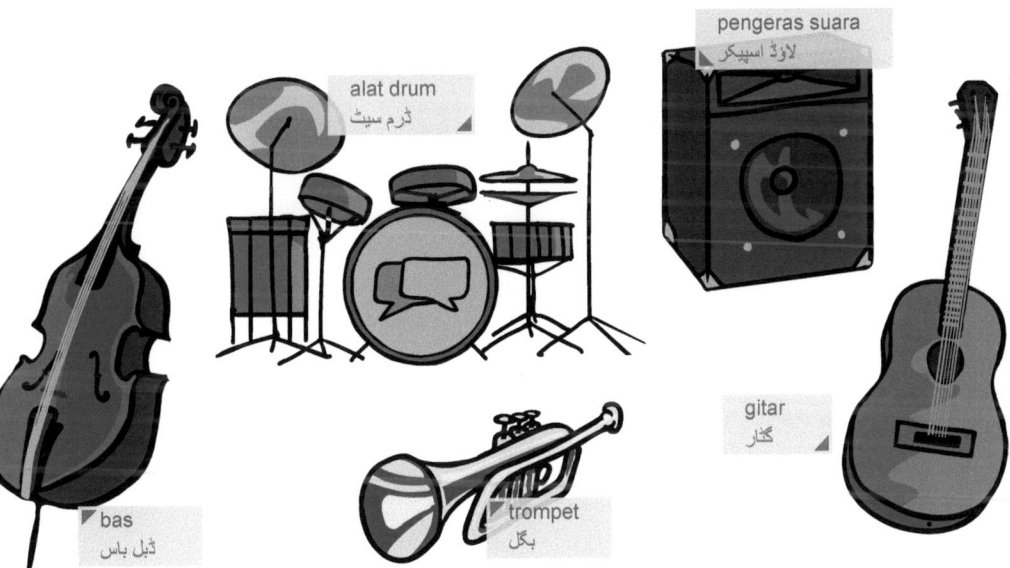

pengeras suara
لاؤڈ اسپیکر

alat drum
ڈرم سیٹ

gitar
گٹار

bas
ڈبل باس

trompet
بگل

piano

....

پیانو

violin

....

وائلن

bass

....

موسیقی کی آواز

tambur

....

ٹمپانی

drum

....

ڈھول، ڈرمز

keyboard

....

کی بورڈ

saksofon

....

سیکسوفون

suling

....

بانسری

mikrofon

....

مائیکروفون

kebun binatang

چڑیا گھر

pintu masuk
داخلے کا راستہ
macan
چیتا
kandang
پنجرہ
sebra
زیبرا
pakan ternak
جانوروں کا چارہ
panda
پانڈا

hewan

جانور

gajah

ہاتھی

kanguru

کینگرو

badak

گینڈا

gorila

گوریلا

beruang

ریچھ

unta

اونٹ

burung unta

شُترمُرغ

singa

شیر

monyet

بندر

flamingo

فلیمنگو

burung beo

طوطا

beruang polar

قطبی ریچھ

penguin

کبوتر

hiu

شارک

merak

مور

ular

سانپ

buaya

مگرمچھ

penjaga kebun binatang

چڑیا گھر کا محافظ

segel

سیل

jaguar

امریکی تیندوا

kuda poni

ٹٹو

macan tutul

چیتا

kuda nil

دریائی گھوڑا

jerapah

زرافہ

burung elang

عقاب

babi jantan

سؤر

ikan

مچھلی

kura-kura

کچھوا

anjing laut

سمندری گھوڑا

rubah

لومڑی

kijang

غزال ہرن

american football
امریکن فٹ بال
naik sepeda
سائیکلنگ
tennis
ٹینس
basketbal
باسکٹ بال
bernang
پیراکی
tinju
باکسنگ
hoki es
آئس ہاکی

sepak bola

فٹ بال

badminton

بیڈمنٹن

atletik

اتھلیٹکس

bola tangan

ہینڈ بال

main ski

اسکیئنگ

polo

پولو

aktivitas

سرگرمیاں

ketawa
ہنسنا
eloncat
چھلانگ
memeluk
گلے لگانا
berjalan
چلنا
menyanyi
گانا
mengimpi
خواب دیکھنا
berdoa
دُعا کرنا
mencium
چُومنا

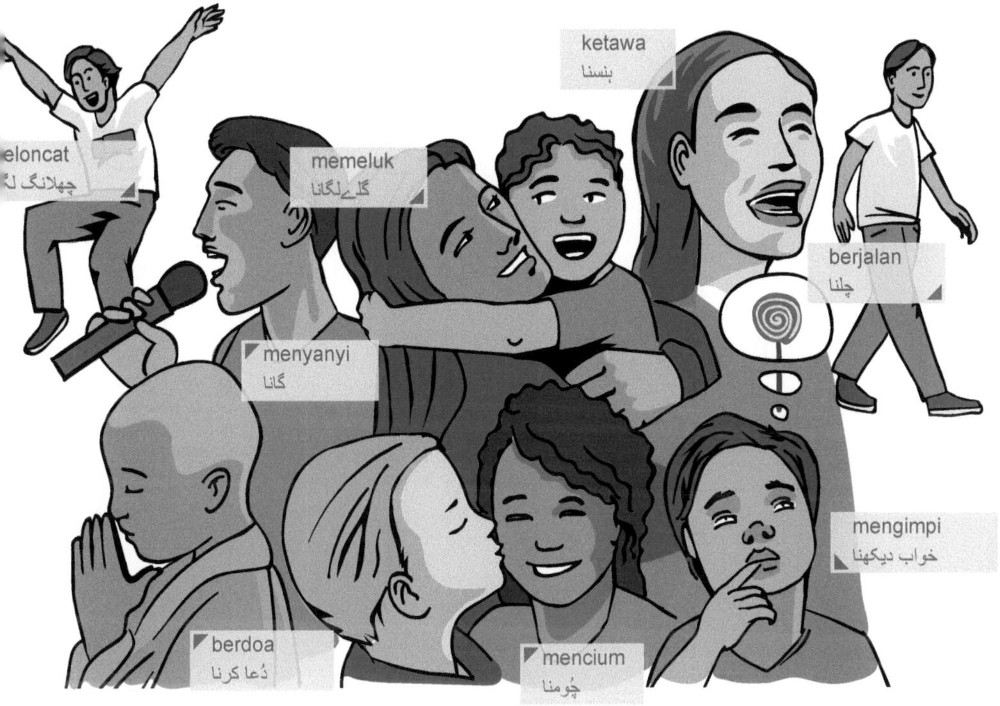

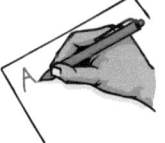

menulis

لکھنا

melukis

تصویرکشی کرنا

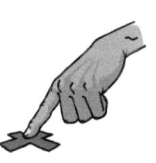

menunjuk

دکھانا

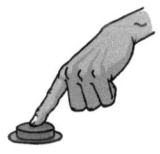

mendorong

آگےکی طرف دھکیلنا

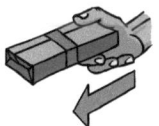

memberikan

دینا

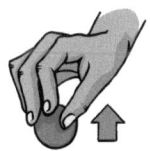

mengambil

لینا

mempunyai

رکھنا

melakukan

کرنا

adalah

ہونا

berdiri

کھڑا ہونا

berlari

دوڑنا

menarik

کھینچنا

melempar

پھینکنا

jatuh

گرنا

tidur

جھوٹ بولنا

menunggu

انتظار کرنا

membawa

اٹھانا

duduk

بیٹھنا

berpakaian

ملبوس ہونا

tidur

سونا

bangun

جاگنا

melihat

دیکھنا

menangis

رونا

mengelus

چوٹ لگانا

menyisir

کنگھی کرنا

berbicara

بات کرنا

mengerti

سمجھنا

menanyak

پوچھنا

mendengar

مُتوجہ ہونا

minum

پینا

makan

کھانا

merapikan

صاف کرنا

cinta

پیارکرنا

memasak

پکانا

menyetir

گاڑی چلانا

terbang

اُڑنا

berlayar

بحری سفرکرنا

menghitung

شمارکریں

membaca

پڑھنا

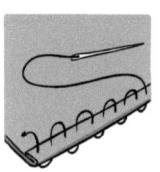

belajar

سیکھنا

bekerja

کام کرنا

menikah

شادی کرنا

menjahit

سینا

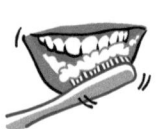

sikat gigi

دانت صاف کرنا

membunuh

جان سےماردینا

merokok

تمباکونوشی کرنا

kirim

بھیجنا

keluarga
خاندان

nenek
دادی
kakek
دادا
bapak
باپ
ibu
ماں
bayi
طفل
putri
بیٹی
putra
بیٹا

tamu

مہمان

bibi

چچی

paman

چچا

kakak laki

بھائی

kakak perempuan

بہن

badan

جسم

dahi
ماتھا
mata
آنکھ
bahu
کندھا
jari
انگلی
muka
چہرہ
dagu
ٹھوڑی
tangan
ہاتھ
kaki
ٹانگ
payudara
چھاتی
lengan
بازو

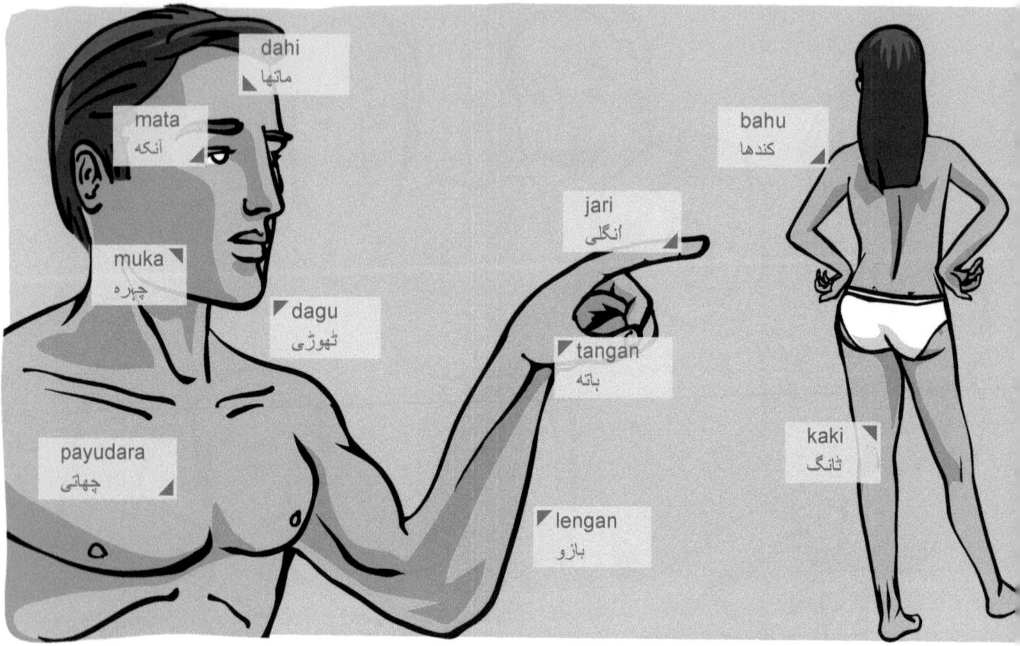

bayi
طفل

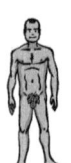

pria
آدمی

wanita
عورت

perempuan
لڑکی

laki
لڑکا

kepala
سر

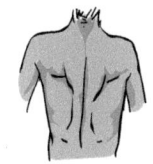

punggung

کمر

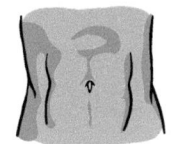

perut

پیٹ

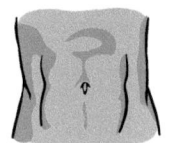

pusar

ناف

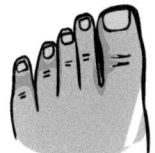

toe

پاؤں کا انگوٹھا

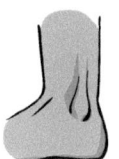

tumit

ایڑھی

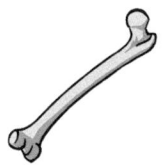

tulang

ہڈی

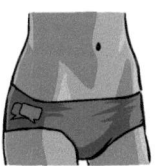

pinggang

کولہا

lutut

گھٹنا

siku

کہنی

hidung

ناک

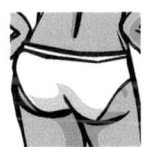

pantat

نچلا حصہ

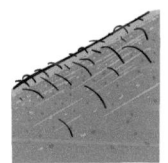

kulit

جلد

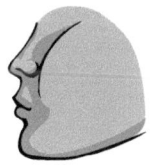

pipi

گال

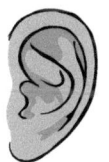

telinga

کار

bibir

ہونٹ

mulut

منہ

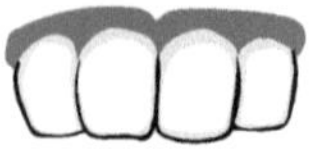

gigi

دانت

lidah

زُبان

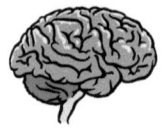

otak

دماغ

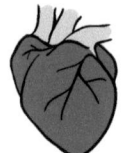

jantung

دل

otot

پٹھہ

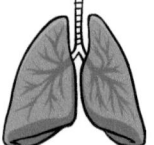

paru-paru

پھیپھڑا

hati

جگر

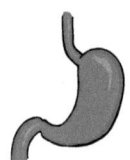

stomach

معدہ

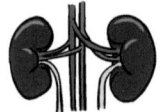

ginjal

گردے

hubungan seks

جنس

kondom

کنڈوم

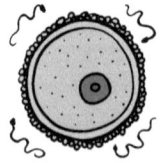

sel telur

بیضہ

sperma

مادہ منویہ

kehamilan

حمل

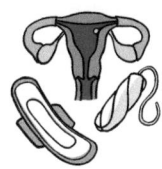

menstruasi

حیض

vagina

اندام نهانی

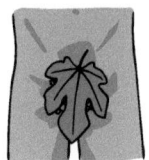

penis

عضوتناسل

alis

بهنویں

rambut

بال

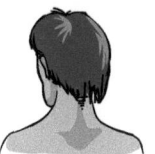

leher

گردن

rumah sakit

ہسپتال

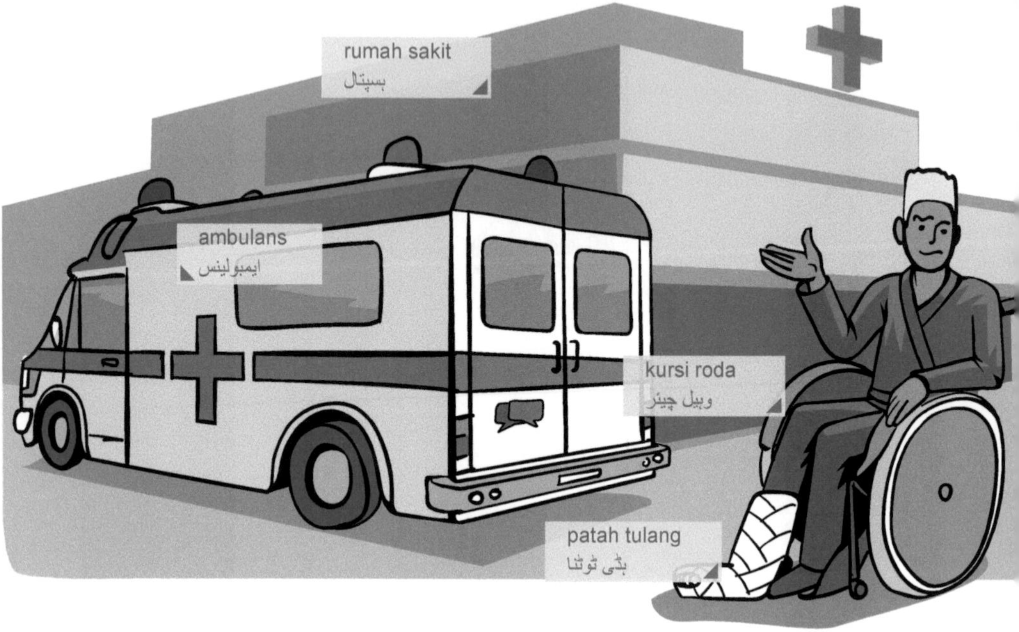

rumah sakit
ہسپتال
ambulans
ایمبولینس
kursi roda
وہیل چیئر
patah tulang
ہڈی ٹوٹنا

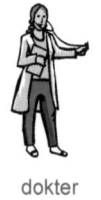

dokter

ڈاکٹر

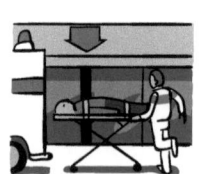

ruang darurat

ہنگامی کمرہ

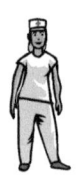

perawat

نرس

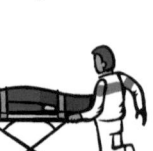

darurat

ہنگامی صورتحال

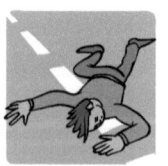

semaput

بےہوش

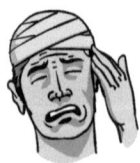

sakit

درد

cedera

زخم

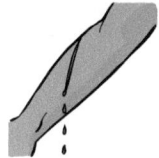

perdarahan

خون بہنا

serangan jantung

دل کا دورہ

stroke

فالج

alergi

الرجی

batuk

کھانسی

demam

بخار

flu

زکام

diare

اسہال

sakit kepala

سردرد

kanker

کینسر

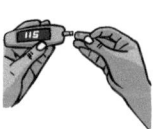

diabetes

ذیابیطس

ahli bedah

سرجن

pisau bedah

نشتر

operasi

آپریشن

CT

سی ٹی

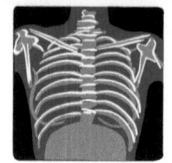

sinar x

ایکس رے

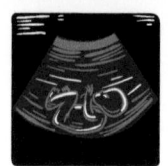

usg

الٹراساؤنڈ

topeng

چہرے کا نقاب

penyakit

بیماری

ruang tunggu

انتظارگاہ

penyokong

بیساکھی

plester

پلاسٹر

perban

پٹی

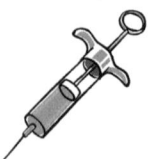

injeksi

انجکشن

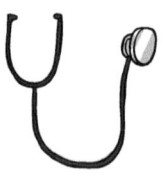

stetoskop

اسٹیتھو اسکوپ

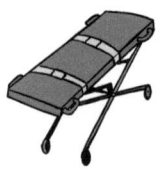

usungan

اسٹریچر

termometer klinis

مطبی تھرما میٹر

kelahiran

پیدائش

kelebihan berat badan

حد سے زیادہ وزن

alat pendengar

آلہ سماعت

desinfektan

جراثیم کش

infeksi

انفیکشن

virus

وائرس

HIV / AIDS

ایچ آئی وی/ ایڈز

obat

دوا

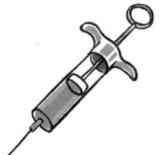

vaksinasi

ویکسی نیشن

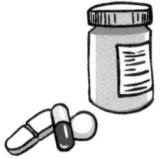

tablet

گولیاں

pil

گولی

panggilan darurat

ہنگامی کال

ukur tekanan darah

بلڈ پریشر مانیٹر

sakit / sehat

بیمار/ صحتمند

darurat

ہنگامی صورتحال

Tolong!

مدد!

alarm

الارم

penyerbuan

مُجرمانہ حملہ

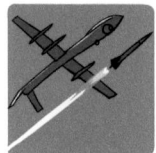

serangan

حملہ

bahaya

خطرہ

pintu darurat

ہنگامی راستہ

Api!

آگ!

alat pemadam kebakaran

آگ بُجھانے والہ آلہ

kecelakaan

حادثہ

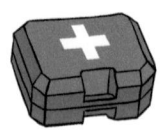

kit pertolongan pertama

ابتدائی طبی امداد کی کٹ

SOS

ایس او ایس

polisi

پولیس

Eropa
یورپ

Amerika Utara
شمالی امریکہ

Amerika Selatan
جنوبی امریکہ

Afrika
افریقہ

Asia
ایشیا

Australi
آسٹریلیا

Atlantik
بحراوقیانوس

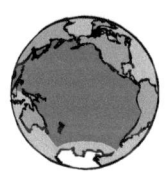

Pasifik
بحرالکاہل

Samudra India
بحرہند

Samudra Antartika
بحرقُطب جنوبی

Samudra Arktik
بحرقُطب شمالی

kutub utara
قُطب شمالی

kutub selatan

قُطب جنوبی

Antarktika

انٹارکٹیکا

bumi

زمین

tanah

زمین

laut

سمندر

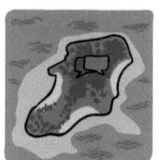

pulau

جزیرہ

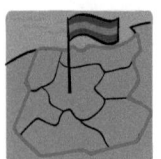

bangsa

قوم

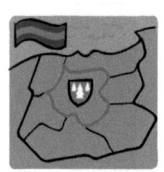

negara

ریاست

jam

کلاک

jam wajah

کلاک کا سامنےکا حصہ

jarum pendek

گھنٹوں والی سوئی

jarum menit

منٹوں والی سوئی

jarum detik

سیکنڈ ہینڈ

Jam berapa?

کیا وقت ہوا ہے؟

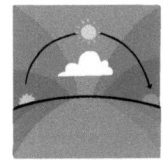

hari

دن

waktu

وقت

sekarang

اب

jam digital

ڈیجیٹل گھڑی

menit

منٹ

jam

گھنٹہ

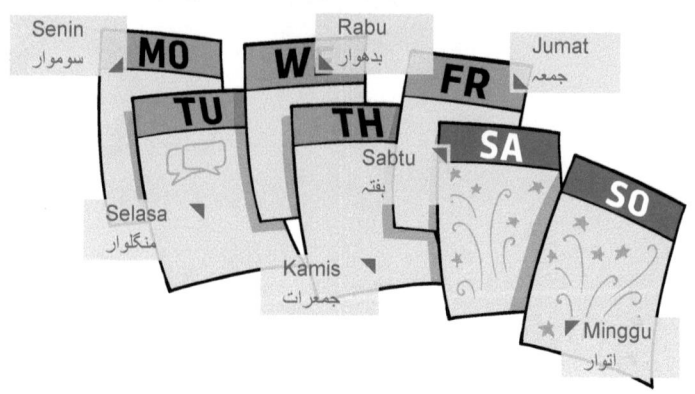

minggu

ہفتہ

kemaren

گزرا کل

hari ini

آج

besok

کل

pagi

صبح

siang

دوپہر

malam

شام

hari kerja

کاروباری دن

akhir minggu

ہفتےکا اختتام

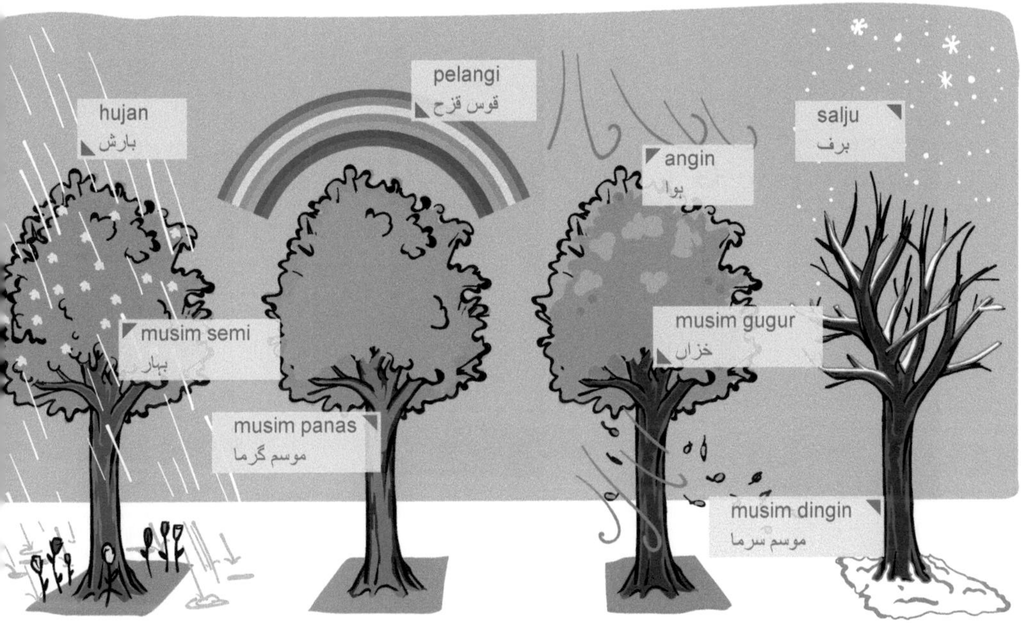

hujan
بارش
pelangi
قوس قزح
angin
ہوا
salju
برف
musim semi
بہار
musim panas
موسم گرما
musim gugur
خزاں
musim dingin
موسم سرما

4.APRIL 11°
5.APRIL 4°
6.APRIL 13°
7.APRIL 8°
8.APRIL 10°

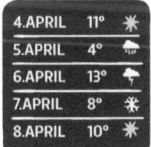

ramalan cuaca

موسمی پیش گوئی

F C
120 40
90 30
60 20
30 10
0 0
-30 -10
-20

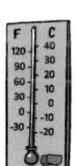

termometer

تھرما میٹر

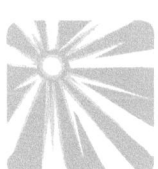

matahari

دھوپ

awan

بادل

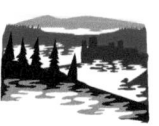

kabut

دُھند

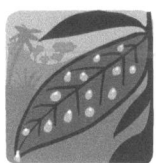

kelembahan

حبس

kilat

بجلی کوندھنا

guntur

بادلوں کی گرج

badai

طوفان

hujan es

ژالہ باری

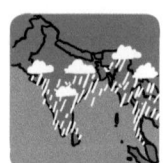

monsun

مون سون

banjir

سیلاب

es

برف

Januari

جنوری

Februari

فروری

Maret

مارچ

April

اپریل

Mei

مئی

Juni

جون

Juli

جولائی

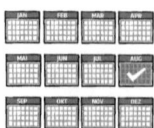

Agustus

اگست

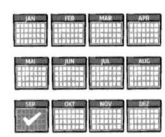

September

ستمبر

Oktober

اکتوبر

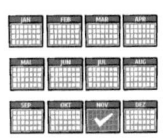

November

نومبر

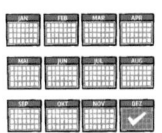

Desember

دسمبر

bentuk

اشکال

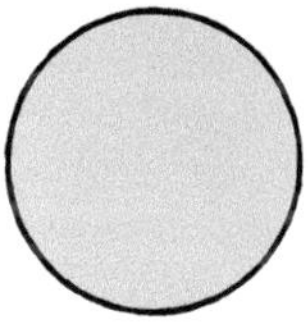

lingkaran

دائره

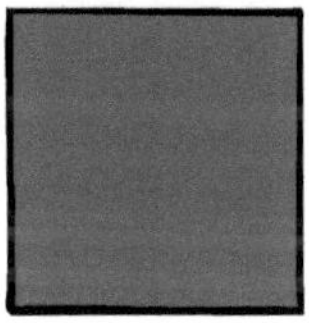

persegi

چوکور

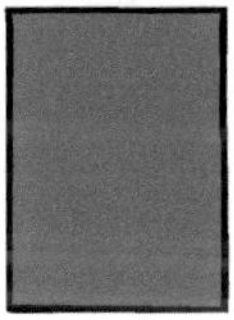

persegi panjang

مُستطیل

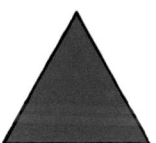

segi tiga

تکون

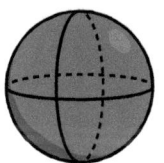

bola

گُره

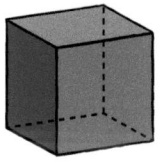

kubus

مکعب

warna-warna

رنگ

putih

سفید

kuning

پیلا

oranye

نارنجی

pink

گلابی

merah

سُرخ

ungu

جامنی

biru

نیلا

hijau

سبز

coklat

بھورا

abu-abu

مٹیالا

hitam

سیاہ

banyak / sedikit

بہت زیادہ / بہت کم

marah / tenang

ناراض / پُرسکون

cantik / jelek

خوبصورت / بدصورت

mulaih / selesai

آغاز / اختتام

besar / kecil

بڑا / چھوٹا

terang / gelap

روشن / اندھیرا

saudara laki-laki / saudara perempuan

بھائی / بہن

bersih / kotor

صاف / گندا

lengkap / tidak lengkap

مکمل / نامکمل

hari / malam

دن / رات

mati / hidup

زندہ / مُردہ

luas / sempit

چوڑا / تنگ

dapat dimakan / tidak dapat dimakan

کھانے کے قابل ہونا / کھانے کے قابل نہ ہونا

jahat / baik

بُرا / اچھا

bersemangat / bosan

پُرجوش / بوریت کا شکار

gemuk / kurus

موٹا / دُبلا

pertama / terakhir

پہلا / آخری

teman / musuh

دوست / دُشمن

penuh / kosong

بھرا ہوا / خالی

keras / lembut

سخت / نرم

berat / enteng

بوجھل / ہلکا

lapar / haus

بھوک / پیاس

sakit / sehat

بیمار / صحتمند

ilegal / legal

غیر قانونی / قانونی

cerdas / bodoh

عقلمند / بیوقوف

kiri / kanan

بائیں / دائیں

dekat / jauh

نزدیک / دور

baru / bekas

نیا / پُرانا

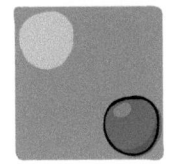

tidak ada apapun / sesuatu

کچھ نہیں / کچھ ہے

tua / muda

بوڑھا / نوجوان

nyala / mati

آن / آف

buka / tutup

کُھلا / بند

tenang / keras

خاموش / بُلند آواز

kaya / miskin

امیر / غریب

benar / salah

ٹھیک / غلط

kasar / halus

کھُردرا / ہموار

sedih / gembira

افسردہ / خوش

pendek / panjang

مُختصر / طویل

pelan-pelan / cepat

آہستہ / تیز

basah / kering

گیلا / خُشک

hangat / sejuk

گرم / ٹھنڈا

perang / damai

جنگ / امن

angka-angka

اعداد

0	1	2
nol	satu	dua
صفر	ایک	دو
3	4	5
tiga	empat	lima
تین	چار	پانچ
6	7	8
enam	tujuh	delapan
چھ	سات	آٹھ
9	10	11
sembilan	sepuluh	sebelas
نو	دس	گیارہ

12

duabelas

....

باره

13

tigabelas

....

تیره

14

empatbelas

....

چوده

15

limabelas

....

پندره

16

enambelas

....

سولہ

17

tujuhbelas

....

ستره

18

delapanbelas

....

اٹھاره

19

sembilanbelas

....

اُنیس

20

duapuluh

....

بیس

100

seratus

....

سو

1.000

seribu

....

ہزار

1.000.000

juta

....

دس لاکھ

bahasa-bahasa

زبانیں

Inggris

انگریزی

bahasa Inggris Amerika

امریکی انگریزی

bahasa Cina Mandarin

چینی مینڈارین

bahasa Hindi

ہندی

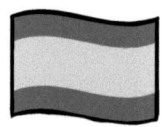

bahasa Spanyol

ہسپانوی

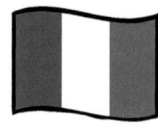

bahasa Perancis

فرانسیسی

bahasa Arab

عربی

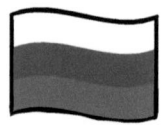

bahasa Rusia

روسی

bahasa Portugis

پُرتگالی

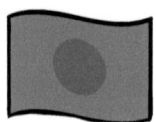

bahasa Bengal

بنگالی

bahasa Jerman

جرمن

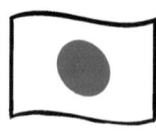

bahasa Jepang

جاپانی

siapa / apa / begaimana
کون / کیا / کیسے

saya

میں

kamu

تم

dia

وہ (لڑکا) / وہ (لڑکی) / یہ

kita

ہم

kalian

تم

mereka

وہ

siapa?

کون؟

apa?

کیا؟

begaimana?

کیسے؟

dimana?

کہاں؟

kapan?

کب؟

nama

نام

dimana

کہاں

dibelakang

....

پیچھے

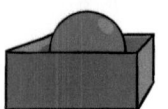

di

....

میں

didepan

....

کے سامنے

diatas

....

اوپر

diatas

....

پر

dibawah

....

نیچے

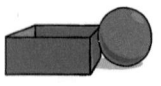

sebelah

....

ساتھ

di antara

....

درمیان

tempat

....

جگہ